Die Münchhausen-Methode©

Wie Lügengeschichten zur Wahrheit führen.

Herstellung und Verlag:

BoD - Books on Demand, Norderstedt

ISBN: 9 783746 079325

Ein Wort des Dankes

Ein grosser Dank gebührt meiner wunderbaren Frau Nadine, die mir mit Geduld zuhört, liest, mir liebevoll-kritisch den Weg weist, wo ich ihn zu verlieren drohe.

Und natürlich all meinen Lehrern, Coaches und Mentoren, die mich in den letzten Jahrzehnten begleitet und motiviert haben.

Inhaltsverzeichnis

Vorwort von Christian Semlitsch

Meine Absicht ist, zusammen mit dem Baron von Münchhausen seine Geschichten in einer Kurzform zu vermitteln, um damit den lösungsorientierten Ansatz für Erziehung, Coaching und Therapie aufzuzeigen.

Trotz Recherche habe ich keine spezifischen Ansätze oder Literatur gefunden, die sich diesem spezifischen Aspekt der Geschichten des Barons von Münchhausen annehmen.

In diesem Sinne soll auch das hier geltende © Copyright gelten, auch wenn wir mit diesem kleinen Buch Eltern, Berater und Therapeuten anregen möchte, aus dem Ernst der Lage in "einen Ritt auf der Kanonenkugel" zu wechseln und mit Fantasie, mit einem wissenden Schalk in den Augen und einer gehörigen Portion Humor und Bauernschläue Lösungen für Herausforderungen anzuregen.

So ganz nebenbei werde ich moderne Konzepte und Ideen integrieren, die dem Finden anderer Lösungen dienlich sein sollten.

In diesem Sinne entbiete ich für diese Arbeit hier als Adjutant dem ehrenwerten Hieronymus Carl

Friedrich Freiherr von Münchhausen meine Ehrerbietung und lasse ihn selbst zu Worte kommen.

Wohlan - Mögen die Geschichten beginnen.

Vorwort des Barons von Münchhausen

"Nachdem ich mich nun gut zwei Jahr-hunderte im Grabe so lange herumgedreht hatte bis ich auf der anderen Seite des Globus herausgefallen bin, habe ich mich entschlossen, den Ungläubigen wild entschlossen entgegen zu treten, meinen guten Ruf wieder herzustellen, den ich mir in jahrelangen Diensten der Zarin Anna Iwanowa und kriegerischen Scharmützeln hart erarbeitet hatte.

Gewiss, mein Schreiber Gottfried August Bürger, Gott sei's gedankt, hat mit bestem Wissen und Gewissen all meine Geschichten gewissenhaft niederge-schrieben, um sie der Nachwelt zu erhalten.

Doch wie immer, wenn dem Schreiber die Weisheit und Erfahrung fehlet, Weisheiten und Geschichten vollumfänglich und umfassend wieder zu geben, kann nichts anderes herauskommen, als eine Sammlung Geschichten, deren einzigartige Essenz sich in Unglaublichkeiten darstellt, die für den normalen Bürger, für den sie erzählt und geschrieben wurden, sich gänzlich unverständlich, wundersam und mithin als Lüge darstellen.

Nun denn, selbst mir, dem durchaus die Reise auf der Kanonenkugel bis hin zum Mond vertraut, ist die Reise durch die Zeit eine Erfahrung, die auch mir sich noch nicht ganz offenbart.

Sei's drum, den tieferen Sinn meiner Erlebnisse will ich mit Hilfe meines vertrauten Adjutanten nun in aller Deutlichkeit erklären, die modernen Lügen

entlarven und meine Wahrheit mit
Nachdrucke wiedergeben werde."

Übersicht

Die Geschichten des Hieronymus Carl Friedrich Freiherr von Münchhausen sind, wie bereits von ihm selbst erwähnt, weithin bekannt als die "Lügengeschichten" des Barons Münchhausen.

Wer die Geschichten hingegen in einem anderen Licht sieht und einsetzt, wird bald erkennen, dass sie ein äusserst wertvolles Beratungs- Erziehungs- Lösungs- und Coaching-Instrument darstellen.

Es ist unser gemeinsames Ziel, die tiefere Weisheit und Lehre der Erzählungen darstellen zu können. Für den, der bereit ist, sich dem Spott der Leute zu stellen und des Barons Geschichten zu verwenden, erwartet ebenso tiefes Erstaunen, wie das, das der Baron selbst erlebte, wenn er seine Geschichten zum besten gab.

Natürlich ist unumgänglich, dass der Erzähler in der Anwendung der Geschichten bereit ist, über die Schatten seiner Vernunft zu springen und die Grenzen seines eigenen rationalen Denkens zu sprengen. Ansonsten kann es geschehen, dass der Klient bereits auf dem Mond gelandet ist, während dem der Erzähler noch immer in der vermeintlichen Realität seiner Gedanken auf der Erde verweilt.

Für wen ist dieses Buch nicht?

"Dieses Buch ist nicht geeignet für humorlose Realitätsfanatiker, Menschen, die den Ernst des Lebens als ihre Lebensphilosophie sehen und die fantasielosen Geschöpfe, die oft selbst auf der Suche anderen Suchenden getreu dem Prinzip "Der Blinde führt den Lahmen" helfen wollen.

Es ist nicht geeignet für den Zweifler, der nicht über die Spitze seiner Nase heraus zu blicken in der Lage ist und auch nicht für den Unwilligen, der in meinen Wahrheiten bloss die Lüge und den Scharlatan sehen will."

Für wen ist dieses Buch?

Ich wünsche mir, dass die Leser dieses Buches dies mit der Absicht tun, ihren eigenen Horizont zu erweitern, mit Fantasie, Grosszügigkeit und Humor über die vermeintlich realitätsfremden Teile der Geschichten hinwegzusehen.

"Vielmehr noch, soll er sie wie den Wolf vor den Schlitten zu spannen, um sein Ziel schneller und vielleicht auch etwas unkonventioneller zu erreichen, so wie ich den Mond bereist hatte. Denn wer bestimmt schon, welches Wesen vor einen Schlitten gespannt gehört?"

Ich möchte damit Eltern, Pädagogen, Berater, Mediziner, Therapeuten, Coaches und all diejenigen ansprechen, die auch mal ausserhalb ihrer Box denken möchten und möchte meine - pardon - unsere Leser ermutigen, ja anregen, nicht nur die bestehenden Geschichten zu nutzen, sondern dem Baron Ehre erweisen, indem sie die Serie seiner Geschichten mit eigenen erweitern.

"Und wenn die eine oder andere dieser neuen Geschichten ihren Weg zu uns

findet und mein Gefallen erwecken, lassen sich vielleicht in einer neueren Auflage dieses Buches weitere, spannende Schätze entdecken, die zwar noch auf dem Mond zu sein scheinen und doch wie eine Sternschnuppe den Himmel erleuchten können, zum träumen anregen und vielleicht auch Wünsche erfüllen können - selbstverständlich mit Nennung des Erfinders - Wir wollen ja schliesslich keine Unwahrheiten oder gar Lügen verbreiten."

Ziele

Dieses Buch soll Ihnen als Eltern, Sozial- und anderen Pädagogen, Lehrern, Medizinern und anderem Fachpersonal, Coaches, Therapeuten, Begleitern, Beratern und ebenso auch Rednern einen anderen Blick auf die verborgenen Schätze der Geschichten des Barons von Münchhausen ermöglichen - und damit vielleicht, oder eher hoffentlich das eine oder andere Schicksal zum Guten wenden.

Denn auch in unserer heutigen Welt gibt es genügend innere und äussere Konflikte, Sultane und Politker und Herrscher(innen), die uns, den unseren oder den uns anvertrauten nicht immer wohl gesonnen zu sein scheinen.

"Wäre es nicht wunderbar, Sie, verehrter Leser, der ach so harten Realität zu entwinden, ihr ein Schnippchen zu schlagen, um neue Wege und Orte zu finden und dorthin zu gelangen, wo nie ein Mensch zuvor gewesen ist?"

Lassen Sie uns nun gemeinsam in die Welt der Geschichten-Erzähler, Schamanen, Autoren und Filmemacher eintauchen, deren Geschichten witzig, absurd und weitab von unserer Vorstellung Helden erschaffen, die ihren Weg mit Humor und Witz, manchmal auch mit unsichtbarer Macht und leuchtenden Lichtschwertern durch das Dunkel ins Licht erkämpfen.

Von Geschichten und Erzählern

Geschichten zu erzählen, um beim Zuhörer eine Reaktion zu erzeugen - meistens natürlich eine anregende, helfende, manchmal auch heilende - ist eine jahrtausende alte Tradition, die in der modernen Welt des Konsums einfach eine andere Form gefunden hat: Filme, Ebook's, Audiobücher, Podcasts und deren mehr....

"Papperlapapp - Dieser neumoderne Kram lenkt die Menschen doch nur ab!

Die Geschichte, die bleibt. Genauso die Erzähler. Menschen, wie Ihr und ich. Manchmal sind ihre Geschichten fantastisch, mitunter unglaublich doch werden sie heute nicht als "Lügengeschichten" bezeichnet, obwohl sie bei genauerer Betrachtung genauso oder gar viel unwahrscheinlicher klingen.

Nur, was ist denn das für eine ungleiche Behandlung? Hat denn unsereins nicht die selbe Ehrerbietung verdient, die ihr nach Jahren der Entbehrungen zusteht?

Hat nicht schon Jules Verne mit Geschichten wie "20'000 Meilen unter dem Meer" oder der "Reise zum Mond" die

Leser zu fantastischen Reisen angeregt?
Geschichten über Reisen, die ich selbst
unternommen und hinreichend erzählt, ja
sogar bewiesen habe?"

Stimmt, Herr Baron. Und hat uns nicht Major Cliff McLane mit seinem "Raumschiff Orion" in die Weiten des Weltalls, ferngesteuerter Supernovas und glänzend-wabbeliger Frösche entführt, noch bevor in Star Trek "Enterprise" Captain James T. Kirk uns zu fremden Welten und Zivilisationen herunter gebeamt hat?

Geschichten begleiten die Menschheit seit jeher und haben sie in ihrer Entwicklung voran gebracht - auch wenn wir "Erwachsenen" manchmal den Bezug dazu verloren haben.

"Gut! Lassen Sie uns nun Kinder, Zuhörer,
Leser und Kunden anleiten, zu den neuen
Helden zu werden, die ihre eigene
Geschichte neu verfassen und
Möglichkeiten finden, die auch, oder
gerade ausserhalb ihrer, vielleicht auch
unserer Fantasie und Kreativität liegen."

Die Geschichten

Wie bereits gesagt, des Baron von Münchhausen's Geschichten sollen hier nicht alle wieder von neuem erzählt werden, sondern nur in kurzer Form dargestellt werden, so dass Sie, geneigter Leser die daraufhin folgende Struktur, Analogie, Auflösung der tieferen Weisheit, deren Anwendungs-möglichkeit und... man höre... auch deren mögliche Weiterentwicklungen im Geiste - hoffentlich auch ganz praktikabel in der Praxis - nachvollziehen kann.

Nun denn, der Herr Baron hat das Wort!

Wie der Baron statt per Pferd per Wolf in St. Petersburg ankam.

"Meine Reise nach St. Petersburg, an den Hof der Zarin Anna Iwanova, begann ich per Pferd, was damals in meinen Kreisen allgemein üblich war.

Je weiter ich nach Nordosten und tiefer in das russische Zarenreich kam, musste ich bemerken, dass ich von "Hoch zu

Rosse" als hochnäsig und arrogant wahrgenommen wurde.

Das Reiten hoch zu Pferde ward dem Hochadel zugestanden, dem ich hier, weit entfernt von der Heimat, nicht zugehörig war. Da dies nicht in meinem Sinne war und in der Schneelandschaft Russlands das Reisen mit dem Schlitten die gängige Art zu sein schien, besorgte ich mir einen Schlitten, den ich an mein Pferd zäumte, um damit schnell und geschwind an mein Ziel zu kommen.

Auf meinem Wege durch unbekanntes Gebiet musste ich des nachts auch russische Wälder durchqueren, wo mir doch prompt ein riesiger und vor allem hungriger Wolf auflauerte und mich zu meinem Leidwesen verfolgte. Nicht, dass ich Angst hatte, nein, ich hatte indes noch keine Lust, gefressen zu werden.

So hieb ich auf das Pferd ein, um es zu immer schnellerem Galopp anzuspornen.

Und obwohl das brave Tier gab, was es geben konnte, kam es, wie es kommen musste: Der Wolf holte den Schlitten ein und machte sich auf, ihn mit einem Sprung zu fassen.

Geistesgegenwärtig legte ich mich flach auf den Schlitten, worauf der Wolf sich in seinem Sprunge direkt auf das Pferd stürzte und sich in seinem Hinterteil verbiss. Dieses rannte im Schmerz noch schneller doch das hungrige Wolfsbiest frass sich in Windeseile durch mein Pferd, bis kaum noch etwas von diesem übrig war.

Als die Überreste des Pferdes aus dem Zaumzeug fielen, fand ich anstelle des Pferdes den riesigen Wolf vor meinen Schlitten gespannt.

Und so hieb und hieb ich nun auf den Wolf ein und erreichte schneller als vorgesehen St. Petersburg per Wolfsschlitten - woraufhin die Bevölkerung nicht schlecht staunte, hatten Sie doch noch nie zuvor

einen so riesigen Wolf und schon gar nicht
vor einen Schlitten gespannt gesehen."

Holzschnitt: Gustav Doré

Was, geneigter Leser, können wir aus dieser
fantastischen Geschichte sehen und lernen,
welche tiefere Weisheit hält diese Geschichte für
uns möglicherweise bereit?

I. Respekt und Anpassung

"Andere Länder, andere Sitten... - das war damals so und ist heute auch nicht anders. Sich an die Sitten und Gebräuche in anderen Kulturen anzupassen, ist sowohl Zeichen von Respekt und es zeigt Aufmerksamkeit und Wahrnehmung gegenüber der anderen Kultur - ein auf Respekt und Wertschätzung basierendes Verhalten, dass mir in der Vergangenheit so manche Tür geöffnet hat."

Draus ergibt sich folgende Aufgabe für Sie, den Erzähler.

Beobachten Sie den Klienten:
- Sind Werte wie Respekt vorhanden und wenn ja, wie lebt und erlebt er es?
- Ist er bereit, sich anderen Gegebenheiten anzupassen
- Hat er Erfahrungen gemacht, wenn er diesem Prinzip nicht gefolgt ist?

II. Unvorbereitet einer Gefahr begegnen

"Meine Vorliebe war die Freiheit und das Abenteuer - was dazu führte, dass ich mich über mögliche Risiken und Gefahren seiner Reisen nicht frühzeitig informierte. Was sollte mir schon geschehen?

Ich war mir meiner Fähigkeiten zu jeder Zeit sehr bewusst und meine Einstellung, mich niemals unterkriegen zu lassen, bereit mein Leben einzusetzen ohne es jedoch zu verlieren, hat mich manche Gefahr überstehen lassen, die wohl den meisten meiner Landsleute bereits das Blut in den Adern hätte gefrieren lassen."

Das, Herr Baron, glaube ich Ihnen sofort. Doch fragen wir nun den Leser - und der wiederum auch gleich den Klienten:

- Zeigen sich im Leben des Klienten (oder vielleicht auch in Ihrem?) Verhaltensweisen, die auf mangelnde Vorbereitung, Unbedachtheit, Naivität oder Risikobereitschaft schliessen lassen?
- Was hat das für Konsequenzen?
- Welche Fähigkeiten und Kompetenzen werden dafür benötigt?
- Macht dieses Verhalten Sinn?
- Was könnte der Klient oder was könnten Sie, verehrter Leser, verändern?
- Welche Fähigkeiten und Kompetenzen müssten Sie aufbauen, um besser mit solchen Situationen - die ohnehin immer wieder auftreten, besser umgehen zu können?
- Welche persönlichen Eigenschaften könnten oder sollten Sie und/oder Ihr Klient (das kann natürlich auch ihr Kind sein) aufbauen? Mut, Selbstbewusstsein, Selbstvertrauen, Wissen, Einen Sinn für Humor oder auch Kommunikationsfähigkeiten etc.

III. Nicht aufgeben

Der Wolf steht symbolisch für eine Situation, die sich verändert:

- Berufliche Veränderung
- Jobverlust
- Neue Gesichter/ Menschen im Umfeld
- Verlust von geliebten Menschen
- Scheidung oder Trennung
- Unfall, Verlust von Fähigkeiten
- etc.

Fragen Sie sich folgendes:
- Inwiefern besteht die Tendenz, aufzugeben?
- Was könnte man tun, um mit der neuen Situation besser umzugehen? (z.B. Byron Katie: "Lieben, was ist").
- Wie könnte man besser oder anders mit einer neuen Situation umgehen?
- Welche anderen Arten von Lösungsmöglichkeiten könnten Sie entwickeln?
- Welche andere Einstellung gegenüber der Situation könnten Sie finden?

*"Gestatten Sie mir hier eine Ergänzung, werter Adjutant: Es ist **immer** eine Frage der Einstellung. Manchmal muss man bereit sein, über seinen Schatten zu springen, Mut zu zeigen, auch wenn der noch nicht da*

ist und tun, was zu tun ist, auch wenn - oder gerade wenn der Ausgang unklar ist. Und das ist er immer! Denn es fehlt uns der Blick in die Zukunft.

All die Erwachsenen, so sehr an die objektive - als ob es das gäbe - Realität verhafteten Denker, vergessen, was sie als Kinder konnten: Zu glauben, zuversichtlich zu sein und mit Fantasie dem Schicksal ein Schnippchen zu schlagen!"

IV.   Nehmen, was kommt

"Alles Leid entsteht aus dem Widerstand gegen das, was ist" (Buddha) - Tatsächlich leiden wir, weil unsere Wünsche und Gedanken in Richtung der Vergangenheit orientiert sind, wir also dem Alten, nicht mehr bestehenden nachtrauern und nicht annehmen, was ist. Die Differenz zwischen der Realität und dem Wunschdenken erzeugt innere Spannung. Je größer diese innere Spannung, desto größer das Leiden.

"Ich habe immer und ohne innere Diskussion die neue Situation angenommen und mich nie gegen eine neue Situation, in diesem Falle das neue Zugtier, gesperrt. Ich hatte immer nur meine ehrenvolle Aufgabe und mein Ziel gesehen.

In diesem Falle hatte, schnellstmöglich nach St. Petersburg zu kommen, oberste Priorität. Es hilft nichts, mit Bedauern und Jammern über das Verlorene zurück zu blicken.

Nimm was kommt und nutze Fantasie und Kreativität, ebenso natürlich eine Portion Mut und Unverfrorenheit, das Neue zu nutzen.

Denkt daran: Für das, was noch keiner gemacht hat, gibt es keine Regeln!"

Ich stimme dem Herrn Baron vollumfänglich zu. Ergänzend kann ich beisteuern, dass, auch wenn bereits jemand dasselbe getan oder erlebt hat, hat er oder sie es nie genau gleich getan oder erlebt. Jeder Erfahrung ist und bleibt einzigartig.

Je stärker Sie als Eltern Ihr Kind oder als Berater Ihren Klienten sich auf das übergeordneter Ziel fokussieren lassen, desto leichter fällt es, neue Situationen anzunehmen.

V. Die 3-A Regel

Ich kann hier in Anlehnung an die englische Sprache meine 3-A Regel einbringen:

Accept - **Akzeptieren**

Adapt - **Anpassen**

Adjust - **Aktualisieren**

Akzeptiere, was ist und schau nicht zurück in die Vergangenheit. Dort lauert das wahre Gefängnis für den Verstand.

Man reitet ja auch nicht verkehrt auf dem Pferd sitzend durch den Wald oder brettert mit 250km/h über die Autobahn, während dem man konstant in den Rückspiegel schaut.

Adaptiere Dein Denken und Verhalten an die Situation, wie sie sich heute darstellt.

Aktualisiere laufend Dein Denken und Deine Handlungen auf die Veränderungen, die im Hier und jetzt stattfinden.

VI. Das Beste rausholen

"Eine veränderte Situation bietet auch immer Chancen. Der riesige Wolf im Zaumzeug vor dem Schlitten war, nachdem er das Pferd verspiesen hatte, keine unmittelbare Gefahr mehr für mich, sondern bot mir die Chance ein höheres Tempo anzuschlagen und damit mein Ziel früher zu erreichen.

Ich habe diese Chance noch erweitert, indem ich noch mehr auf den Wolf eingeschlagen hatte, als zuvor auf mein Pferd und habe den Wolf damit noch weiter angetrieben - und seinen Fokus damit auf Flucht vor mir, anstatt auf Aggression gegen mich, gerichtet.

So wird indes mancher Jäger zum Gejagten.

Geben Sie niemals und schon gar nicht vorzeitig auf!"

Wenn sich also neue Situationen ergeben, sollten Sie sich immer fragen:

- Welche Möglichkeiten bieten sich aus der neuen Situation und wie können Sie diese nutzen?
- Erst wenn der Fokus weg von der Vergangenheit und vom Verlust hin auf das Ziel gelenkt wird, können die neuen Chancen sichtbar werden.

Natürlich sind dies nicht alle möglichen Varianten und Betrachtungsweisen dieser Geschichte, doch es ist unumgänglich, dass Sie sich Ihre eigene Wahrheit gestalten.

Wir hoffen, Sie öffnen Ihren Geist und lenken ihn alsbald auf neue Richtungen und eine Neubeurteilung Ihrer Situation.

Wie der Baron zum Ritt auf der Kanonenkugel und wieder zurück kam.

"Ah, eine meiner Lieblingsgeschichten: Es geschah, dass ich an einer Belagerung beteiligt war und mein Feldmarschall an Kunde über die gegnerische Festung interessiert war. Da es äußerst schwer, wenn nicht sogar unmöglich schien, in die gegnerische Festung zu gelangen, stellte ich mich voller Mut und Eifer neben eine der größten Kanonen, die in Richtung der Festung abgefeuert wurde und sprang im Hui auf die Kugel, in der Absicht, mich in die Festung hinein tragen zu lassen.

Ich muss zugeben, dass ich mir über das Ausmaß meiner Handlung nicht sonderlich Gedanken gemacht hatte.

Auf dem Weg zur Festung kam mir dann in den Sinn, dass ich ja sogleich als gegnerischer Spion erkannt und gehenkt werden würde.

Da ich mir ein solches Bette in Ehren jedoch verbitten wollte, stieg ich also auf eine der an mir vorbeifliegenden, gegnerischen Kugeln um, natürlich nicht ohne einen ausführlichen Blick auf das Innere der Festung getan zu haben. Dergestalt kam ich wohlbehalten wieder bei den Meinen an.

Bild: Oskar Herrfurth.

Im Detail ist die Geschichte, wie alle hier zu meinem Leidwesen in kurzer Fassung wiedergegebenen Tatsachenberichte deutlich umfassender, doch mein Adjutant (*zwinkert verstohlen) *spornt mich zu größtmöglicher Kürze an."*

Zugegebenermassen, die Sache mit der Kanonenkugel ist eine erstaunliche Geschichte für den armen Fantasielosen und Ungläubigen, aber ein Rittmeister, der einen wilden, ungezähmten Litauer zureiten kann, dem ist auch eine fliegende Kanonenkugel nicht zu viel.

Was könnte nun der Zuhörer und der Leser meiner ach so unglaublichen Geschichte lernen?"

I. Eifer

Eifer entspringt oft einem tieferen Wunsch nach Anerkennung. Insbesondere beflissener Eifer, ohne nachzudenken und Rücksicht auf die eigenen "Verluste" deuten auf ein eher wenig ausgeprägtes Selbstbewusstsein oder

Selbstwertgefühl hin. Der Mangel an beiden kann langfristig - im Falle der Kanonenkugel auch kurzfristig - zu erheblichen Nebenwirkungen, manchmal zu gesundheitlichen Schäden, zuweilen auch zum Verluste des Kopfes oder anderer Körperteile, im optimalsten Verlust-Fall aber auch nur zu demjenigen des Lebens führen. In diesen Fällen ist vermutlich auch die Konsultation des Arztes oder Apothekers nicht mehr hilfreich.

"Ich habe nie nach Anerkennung gestrebt, stets waren Pflicht und Ehre, Freiheit und Abenteuer meine obersten Begleiter! Darum habe ich weder Gliedmaßen noch je den Kopf verloren"

Aber Herr Baron, führt denn nicht die Erfüllung von Pflichten, das unbedachte Befolgen von Regeln ohne tieferes Verständnis zu Konformität und Fantasielosigkeit?

Wozu Ehre erlangen, wenn Niemand die Ehre ehrt und ihre inneren Werte kennt?

"Das mag sein. Es gibt heute auch deutlich mehr Menschen, die Städte sind voller und - ich gebe zu - es ist unerlässlich zu verstehen, warum und woher Pflichten und Regeln kommen - was nicht heisst, dass ich das unbedingte Befolgen von Regeln immer gut heisse, habe ich mich doch zeitlebens eher selten an Regeln gehalten, doch voller Respekt Gepflogenheiten übernommen.

Ein grosser Unterschied, so will ich meinen!"

II. Übersicht

"Handlungen aus Impuls und Eifer mangeln normalerweise an Übersicht über die Gesamtsituation.

Im Gefecht ist natürlich die Übersicht über die feindlichen Linien

und Truppen entscheidend für den
Ausgang.

Doch herrscht im Leben nicht
dasselbe Gesetz?"

Genau: Wie will der Leser oder sein Kunde in der Lage sein, im Leben sogenannt informierte Entscheidungen zu fällen, wenn es ihm an der entscheidenden Übersicht und damit an der entscheidenden Information mangelt?

"Natürlich gibt es Entscheidungen, die
im Moment und in der Situation gefällt
werden müssen, wie zum Beispiel ob
ich den Säbel aus der Scheide ziehe,
wenn der Gegner mich mit der Waffe
bedroht - Also wenn ich eine
sogenannte Ent-Scheidung vornehme -
oder ob ich mich denn auf meine
Pistole verlasse, die normalerweise
immer noch einen Schuss in sich
trägt."

In Friedenszeiten verändern sich hingegen die Situationen gänzlich. Will ich schneller an meinem Ziel ankommen und die im Schneckentempo vor mir schleichenden PS-Kutsche überholen und mich damit dem Risiko aussetzen, eine Kollision zu riskieren oder suche ich den Weg der Sicherheit?

"Entscheidungen, die nicht auf Übersicht fussen, haben eine hohe Wahrscheinlichkeit, sich zum Chaos oder Disaster zu entwickeln. Manche davon können mit minimalem Aufwand wieder umgedreht werden, doch einige davon sind nie wieder umkehrbar."

Interessant hingegen ist Ihr Hinweis auf die Pistole, die noch immer einen Schuss trägt - ein schönes Bild dafür, immer noch ein Ass im Ärmel zu tragen.

"Ob Kugel oder nicht: Übersicht ist entscheidend für informierte Entscheidungen.

Was glauben Sie, verehrter Adjutant, warum ich mich zum Ritt auf der Kanonenkugel entschied?"

III. Meta-Entscheidungen

"Stets ist es hilfreich, für die wichtigsten Szenarien im Leben bereits frühzeitige und derart grundlegende Entscheidungen zu treffen, die in jeder Situation und insbesondere dann zum Tragen kommen, wenn keine Zeit für langes Nachdenken vorhanden ist.

Gerade in Notfällen wird man am eigenen Leibe erfahren, ob man für derartige Situationen vorbereitet ist.

Schon früh in meinem Leben habe ich mich damit beschäftigt und konnte mich indes immer und in jeder Situation auf mich selbst verlassen, gerade wenn sonst auf niemanden mehr Verlass war."

Sehr richtig, Herr Baron. Derart gefällte Entscheidungen werden in der heutigen Zeit

"Meta-Entscheidungen" genannt, da sie auf einer Meta-Ebene, also einer übergeordneten Ebene, bereits stattgefunden haben.

Hilfreicherweise basieren die Meta-Entscheidungen auf zutiefst inneren Werten und Prioritäten und sind daher nicht diskutabel, weder im Außen noch im Innen.

Wenn ich also weiss, dass das Wohlergehen der Familie immer oberste Priorität hat, werden sämtliche Entscheidungen, die dieser Priorität zuwider laufen könnten, nicht umgesetzt - oder eben Handlungen unterbrochen, um einer Meta-Entscheidung nachkommen zu können.

IV. Risiko

Im Allgemeinen ist in jedem Falle vom Ritt auf Kanonenkugel abzuraten. Heutige Kanonen verschiessen ihre völlig anders geformten Geschosse weitaus schneller und damit ist das Gesundheitsrisiko deutlich höher.

Auf ein dergestalt Objekt aufzuspringen erfordert ein weit höheres Maß an

Geschicklichkeit als der Baron seinerzeit schon zeigte.

"Auch wenn das nicht meine Art zu sein schien: Risiken sollten bedacht werden. Eine hohe Risikobereitschaft sollte nur eingehen, wer sich seiner Fähigkeiten wirklich bewusst ist. Nicht jedermann ist, so wie ich, für den Ritt auf einer Kanonenkugel ausreichend vorbereitet!"

Nun fragen Sie sich - oder den vertrauensvoll wartenden Klienten - welche Kugeln Sie im Leben denn so reiten? Gibt es da auch Umstiege- oder Ausstiegsszenarien?

"Oder welche Gefahren gehen Sie ein, wenn Sie zum Beispiel eine unheilige Liäson mit einer gleichgestellten, schlimmer noch einer Subalternen oder als Frau mit einem Kollegen

eingehen, obwohl Sie bereits in einer festen Beziehung sind?

Aus meinem tiefen Erfahrungsschatz mit dem weiblichen Geschlecht kann ich nur davor warnen!

In Momenten der Wahrheit fliegen dann eher weniger Kanonenkugeln als Teller und Gläser!

In diesem Moment ersetzt Ihre Fähigkeit, den fliegenden Objekten auszuweichen diejenige, auf der Kugel zu sitzen. Leider besteht im beschriebenen Szenario kaum oder eher selten eine Umkehrmöglichkeit und ein harter Kontakt mit der fliegenden Realität ist unvermeidlich."

Dasselbe kann gelten, wenn Sie sich einer Nebentätigkeit widmen, obwohl Sie in einer sogenannt 100%igen Anstellung sind.

Sind Sie bereit, das Risiko einer harten Landung auf sich zu nehmen oder ist der

Flug auf der Kugel der neuen Kanone ausreichend sicher oder stabil, um einen Jobverlust in sinnvoller Zeit auszugleichen.

"Schon in früheren Zeiten akzeptierte kein Herrscher oder Adliger, dass seine Untertanen zwei unterschiedliche Herren dienten.

Wo früher Köpfe rollten, rollen heute Köpfe in Form von Arbeitsplätzen und Karrieren, was nicht selten in allen Lebensbereichen zu erheblichen Herausforderungen führt, so man nicht wie ich der Freiheit und dem Abenteuer verschrieben ist."

Der Baron fängt mit Speck Enten und lernt das fliegen

"Nicht selten wurde ich auf meinen Ritten von einem Hunger überfallen und so kam es, dass ich bisweilen mangels Munition oder Pulver lernen musste, Enten und anderes Geflügel auf unterschiedliche Art und Weise zu jagen.

Wie nun jeder weiss, lieben es Enten, gefüttert zu werden, das war schon immer so. Als ich nun an einem Teich voller Enten vorbei ritt und mein knurrender Magen mich mit einer Hungerattacke hinterrücks übermannte, stieg ich also vom Pferde und musste notgedrungen, mangels Schuss im Lauf, zu einer anderen Methode greifen.

Um das Ende einer Schnur wickelte ich alsdann ein vom Frühstück übrig gebliebenes Stück Speck, das ich den gefräßigen Enten zum Fraße vor warf. Die erste Ente verschluckte den Speck, schied ihn dann sogleich wieder aus, da sie ihn nicht einfach verdauen mochte. Die nächste Ente schnappte sich den Speck und dies ging in einem fort, bis eine gehörige Anzahl Enten an der Schnur vom Schnabel bis zum Hintern aufgereiht verbunden war.

Nun blieb mir nur noch die noble Pflicht, die Jagdbeute zum braten an Land zu ziehen. Allerdings, vermaledeit, waren die Enten ja noch am Leben und fingen an, mit den Flügeln zu schlagen, bis sie alle zusammen abhoben und mich mit sich in die Lüfte zogen.

Mit derlei hatte hatte ich zwar nicht gerechnet doch in meiner Geistesgegenwart nutzte ich die Flügel meines barocken Rockes, um die Enten in die Richtung meines Gutes zu lenken, wo sie durch mein Geschick direkt durch den Kamin in die Küche eintauchen mussten.

Zum guten Glück brannte kein Feuer über dem Herd, so dass der Koch nur die Enten und nicht auch noch mich selbst braten musste.

So unglaublich auch dieser Flug war, so war es meiner Erfahrungen auf fliegenden Kugel zu verdanken und mein Geschick derart gut ausgeprägt, dass mir einen Schwarm Enten zu steuern kaum als Hexenwerk vorkam."

Bild: Gottfried Franz

Vielmehr stellt sich die Frage, was Sie, verehrter
Leser, mit dieser Geschichte anfangen?

*"Nutzloses Lügenwerk meinen Sie? Kinder-
geschichten und Wichtigtuerei?"*

Der Baron wird gänzlich verneinend erwidern,
dass Ihnen nicht ausreichend Fantasie zu eigen
sei, sich dies vorzustellen.

*"Ganz Recht! Hat denn der verherte Leser
schon einmal Enten mit Speck gefangen
und eine Schar Enten im Flug gesteuert?*

*Nun denn, wie kommt es, dass man mich,
einen Baron von Ehre, der Verbreitung von
Lügengeschichten bezichtigt?"*

Doch einige Vorschläge zur Auflösung mögen
Ihren Denkapparat zur Arbeit bemühen:

I. Mit der gleichen Arbeit mehrere verrichten

Ist es nicht natürlich, dass der Mensch
dasselbe nicht mehrfach von neuem tun
möchte und dennoch das selbe erreichen
will?

In den heutigen Zeiten würden wir es als
"Steigerung der Effizienz", "Qualitäts-
Management" (was auch immer das sein
möge) oder auch als sogenanntes Prozess-
Management bezeichnen.

*"Wir als Käufer von Waren und
Diensten sind mit den Auswirkungen*

*der von mir als spätere
"Industrialisierung" initiierte
Entwicklung von Einsparungs-
maßnahmen bestens vertraut.*

*Eine Werbung, also der Speck, für ein
Produkt erreicht viele Enten, also uns,
und führt zu vielen Käufen, also viele
Enten, die den Speck, essen."*

Je mehr wir dem entkommen möchten, desto
mehr werden wir durch die Fädenzieher
dazu gezwungen, noch mehr zu investieren,
doch am Ende landen wir doch auf dem
sprichwörtlichen Teller - sprich dem Leeren
unserer Geldbörsen.

*"Ich gebe zu, die Argumentation mag
etwas sprunghaft sein, doch, werter
Leser, möchte ich Sie um Bemühung
Ihrer Fantasie bitten.*

*Wir fangen heutzutage offensichtlich
keine Enten mehr mit Speck und
Faden. Dafür besorgen wir uns eine
weiss-blau markierte Pferdekutsche*

namens "BMW" beim Händler und finden die Enten bei diesem "Aldi" im Tiefkühlfach, anstatt sie ehrlich zu jagen."

II. Unkonventionell denken und handeln

Dieser Punkt gilt wohl für alle Geschichten und Abenteuer des Barons, doch - seine Art zu jagen und zu fliegen erscheint doch selbst zur heutigen Zeit des Inter-Netzes und der Düsen-Flugapparate sehr unkonventionell, wenn nicht sogar einzigartig.

"Diese moderne Welt, in der Gleichförmigkeit gezielt von der Schule an gefördert und gefordert wird, verlangt indes im heutigen Berufs- und Arbeitsleben, selbst bei der Balz nach einem passenden Lebens- und Liebespartner nach Originalität, Einzigartigkeit und Unkonventionalität.

Genau diese Werte habe ich stets gezeigt, gelebt und erzählt und doch werden mir heute Lügen unterstellt."

Hier, werter Leser, liegt die Herausforderung. Nicht immer das sofort Offensichtliche zu sehen und zu tun wie ein konditioniertes Versuchstier, sondern sich selbst aus einem anderen Winkel, mit etwas Abstand zu betrachten und das, was nicht unbedingt sichtbar ist, wie Dr. Milton Erickson lehrte, zu utilisieren und neue Wege zu beschreiten.

"Hat das nicht auch der Erfinder der bekannten Apfel-Computer, der elektronischen Tafeln und i-Telefone ebenso getan wie die Erfinder der Rechner-Mäuse?

Oder wie sonst ist es möglich, dass wir uns neuerdings über flüchtige Bilddarstellungen im "Gesichtsbuch" und "WasGehtAb"-Dienst die neuesten

Menüs und Tellergerichte per elektronischer Post präsentieren können?

Welch Unfug und welch Ausmaß an Fantasie und Genialität vereinen sich heutzutage!"

III. Das selbe Tun und Mehr für Weniger erreichen

"Das Wort "Mehr" scheint sich in den letzten Jahrhunderten seit meinen Lebzeiten zu einer allgemein gültigen Doktrin entwickelt zu haben.

Nicht, dass das unverständlich ist, doch in Zeiten des Überflusses an Nahrung und Ressourcen ist mir diese Haltung unerklärlich.

Es kommt mir so vor, als ob erst die unerklärliche "Geiz-ist-geil"-Haltung die Menschen zu derlei Unfug antreibt, ja gar dieselbe Idee derart perfektioniert, dasselbe zu tun, mehr zu erreichen und dafür sogar noch weniger zu bezahlen."

"Das erscheint beinahe wie zu den Lebzeiten der Zarin Anna Iwanowa, nur dass es damals umgekehrt war. Die Menschen haben dasselbe getan, davon allerdings auch mehr abgegeben und für sich selbst weniger erreicht."

Nun, auch so kann man eine Bevölkerung und eine Wirtschaft zugrunde richten, nur dass in der heutigen Zeit die Konsumenten mit dieser Haltung über kurz oder lang selbst tun. Qualität hat seinen Preis.

Das gilt für die Beratung, Coaching, für Erziehung und Pädagogik.

Welchen Kurs können Sie, geneigter Leser, einschlagen, um dasselbe zu tun, mehr zu erreichen aber auch bereit zu sein, etwas mehr zu geben?

Wie der Baron zu zwei halben Pferden kam

"Auch diese Geschichte, welches keine Geschichte, sondern die pure Wahrheit widerspiegelt, scheint für den, der nicht wirklich sieht, ein unfassbares Hirngespinst.

Es begab sich, dass ich mich in meiner frühen Funktion als Soldat mit einer Schar Husaren in den Türkenkriegen ein Heer von Türken in Oczakow hinein trieben.

Mein feuriger Litauer, den ich erst kurz zuvor bei meinem Besuch bei Graf Probofsky gezähmt und zugeritten hatte, sprengte auf der Verfolgung einer Gruppe fliehender, türkischer Soldaten als schnellstes Pferd vorneweg und erreichte als erstes den Marktplatz des Ortes.

Wir hatten die Türken durch das hintere Tor aus der Stadt hinaus getrieben und so liess ich meinen braven, atemlosen Litauer am Brunnen trinken. Doch der Gaul soff und soff und kam zu keinem Ende, was mich sehr verwunderte.

Als ich mich nun umsah, stellte ich zu meiner Überraschung fest, dass die hintere Hälfte meines braven Pferdes, Kreuz und Lenden, gänzlich weg waren, wie abgeschnitten und das ganze Wasser, das das brave Pferd in sich hinein soff, floss direkt wieder aus ihm heraus.

Des Rätsels Lösung erfolgte sogleich durch den Reitknecht, der mich informierte, dass man das Schutzgatter just in dem Momente hatte fallen lassen, als ich mit meinem feurigen Litauer dem Feinde in die Stadt folgte und so Vorderteil von Hinterteil trennte.

Jenes Hinterteil wiederum befände sich, nachdem es noch wild um sich geschlagen hätte, auf der Weide, wo es sich trefflich mit den Stuten vergnügte.

Ein klarer Beweis, dass Leben in beiden Hälften wohnte. Ich ließ den ansässigen Kurschmied rufen, der wiederum die beiden Teile des Pferdes mit Lorbeer-Sprösslingen zusammen heftete.

Die Wunde heilte glücklich zu und zur großen Überraschung schlugen diese Wurzeln und wuchsen empor, bis sie eine kleine Lorbeer-Laube bildeten.

Ein treffliches Bild, das mich so manchen Ritt im Schatten meiner Lorbeeren reiten liess."

"Nun verehrte Leserinnen und Leser, eine wahre und ach so unglaubliche Geschichte?

Da mir die Lüge gänzlich fremd, fragen wir Euch, was Euch wohl diese Geschichte lehren kann?"

Bild: Oskar Herrfurth

I. Hinter das Offensichtliche sehen

Nicht immer ist das, was uns unsere Augen zeigen, das was in Wirklichkeit ist. Die

Wirklichkeit ist ein Konstrukt unseres Verstandes der sie nach Erfahrungen und Urteilen erstellt.

"Richtig. Wie sonst könnte man meine wahrhaftigen Geschichten als Lügenwerk abtun, obwohl offensichtlich ist, das hinter der Geschichte ein tieferer Sinn liegt?

Welch hirnloser Verstand der nur sieht aber nicht wahrnimmt, beurteilt, ohne zu wissen und verurteilt, was er nicht kennt!"

Deshalb, verehrter Baron, sind wir doch hier: Dem geneigten Leser das ein zu impfen, was man in seiner Kindheit verboten, in der Erziehung vergessen, in der Schule vernachlässigt hat. Seien Sie nicht so hart mit den Menschen unserer Zeit.

Rund zweieinhalb Jahrhunderte haben nicht nur die Technik hervorgebracht, sondern mit konformen Denken und Unterricht den Geist der Heranwachsenden vernebelt.

Die grösste Lüge der modernen Schule und der Wissenschaft ist die Linearität

"Was zum Geier soll das sein? Von der Kanone zum Ziel führt eine Gerade?

Jeder brave Bürger weiss, dass die Kugel einer Kurve folgt, so wie jeder halbwegs bei Verstande weiss, dass es nie nur eine Lösung für eine Aufgabe gibt.

Das ist doch offensichtlich die Grundlage all meiner Geschichten. Und die Geschichte zeigt, egal ob sie vom Sieger oder vom Verlierer geschrieben wurde, dass, wie der Engländer Sir Winston Churchill schon treffend bemerkte, kein Plan die Konfrontation mit dem Ersten Angriff, das heisst mit der Realität, übersteht.

Nichts anderes kann ich aus all meinen Abenteuern berichten."

Oh, ich habe schon viele Versuche hinter mir, den Menschen, die ich begleite und berate, genau das klar zu machen. Egal ob es um ein Problem oder um eine Krankheit geht, die Menschen glauben immer noch, dass der Weg von A nach B, oder von da, wo sie sind zum Punkt wo sie sein wollen, in einer geraden verläuft. Das ist nichts anderes als ein Spezialfall der Mathematik, der uns heute als vorherrschendes Denkmodell verkauft und gelehrt wird.

Ein Beispiel gerade aus der Mathematik:

1 + wieviel gibt 5?

Als korrekte Lösung wird 4 angegeben. Und oft werden andere Lösungswege oder Lösungsansätze nicht toleriert:

"Wie, es gibt hier noch andere Lösungen?"

Ja, zum Beispiel:

$$1 + (-(2x8)+32-10) = 5 \text{ oder}$$

$$1 + \sqrt{16} = 5 \text{ oder}$$

$$1 + 2^2 = 5$$

Es gibt also unendlich viele Varianten, um zur Lösung zu kommen.

Die Kinder lernen einen Weg, einen Spezialfall und wenden diese Denkweise oft im ganzen Leben an - weil sie als eine der ersten Grundsteine vermittelt wird.

"Potzblitz - Wahrhaftig!

Die Folgen dieser Vorgehensweise erscheinen mir als mögliche Gründe, warum meine Geschichten noch immer als Hirngespinste abgetan werden."

Praktische Lösungen werden leider in der Erziehung, aber auch in vielen Ausbildungen viel zu wenig geschult.

Und dann wundern wir Berater uns, warum die Klienten so starr an ihrer Denkweise verhaftet sind.

II. Ressourcen-Orientierung

"Hätte ich auf meine Husaren gewartet, würden die Türken noch immer in der Stadt sitzen.

Aber meine Husaren haben auf meine Anweisung die Flanken ausgedehnt und dort viel Staub aufgewirbelt und damit den Gegner glauben lassen, dass wir in der Überzahl sind.

Auch wenn es den Husarenritt geben sollte, sind deren Pferde zwar ausdauernd, können es jedoch an Schnelligkeit und Geschicklichkeit nicht mit meinem Litauer aufnehmen."

Den Teil der Geschichte, verehrter Baron, haben wir nicht erzählt, ist aber durchaus interessant und passend zum Thema.

"Eben darum hatte ich es erwähnt!"

Danke, Herr Baron. Es geht hier darum, dass man mit den Ressourcen, die einem zur Verfügung stehen, das Beste zu machen lernt. Im Zeitalter des Qualitätsmanagements, kurz QM, gilt es immer, etwas auf die beste Art und Weise zu tun.

Das mag zwar auf die Qualität einer Rechenmaschine einen erheblichen Einfluss haben, auf die Denkweise von Menschen kann es zu katastrophalen Auswirkungen kommen:

Wir suchen die Perfektion, die per Definition nur mit einem unendlich hohen Aufwand erreichbar ist.

"Dabei vergessen wir, dass uns Pragmatismus sehr wohl behilflich dabei sein kann, ein Ziel zu erreichen, wie meine Geschichte mit dem Wolf zeigt."

Richtig. Wenn wir alles, was wir tun wollen, in Perfektion tun wollen, dann wird jede Entwicklung deutlich verlangsamt und diese Denkweise zerstört jegliche Fantasie und Kreativität!

III. Etwas tun und es später perfektionieren

Dinge können später oder im Laufe einer Entwicklung zusammengesetzt oder erweitert werden, so wie das Pferd. Und trotzdem lassen sich dabei Lorbeeren gewinnen.

Das beste Beispiel ist die Software-Industrie, die unvollkommene Programme auf den Markt bringt, und die Benutzer, die die Fehler finden, werden zu den Testern, die das Produkt kostenlos verbessern - teilweise auch zum eigenen Schaden.

"Das klingt, wie wenn meine Flinte oder meine Pistole noch noch nicht vollständig sind und im Gefecht nicht funktionieren, zu einer Ladehemmung oder noch schlimmer, zu einem Rohrkrepierer werden.

Welch' schändliche Einstellung!

Zu unserer Zeit hätte man die Verantwortlichen sofort..."

... - Lassen wir das doch beiseite!

Manche Dinge sind heute eben zu komplex, um sie fertig zu stellen. In vielen Fällen werden sogar Produkte verkauft, die noch nicht existieren, um herauszufinden, ob es denn ausreichend Käufer gibt.

In solchen Fällen kann diese Vorgehensweise sehr sinnvoll sein. Viele Unternehmen hatten zwar eine geniale Idee, aber keine Käufer.

Manchmal lag es nicht am Potenzial, sondern an den Werbe- und Verkaufsstrategien. Manchmal war die Produktion zu kompliziert oder ein System hat gefehlt. Aber das Resultat war das selbe. Viele dieser Firmen sind bankrott gegangen.

Wenn nun unser Leser zum Beispiel etwas neues herstellen oder kreieren will, kann es Sinn machen, mit einer ersten Stufe oder einem ersten Produkt zu beginnen, allerdings sollte dieses auch funktionieren. Die Weiterentwicklung kann im Laufe der Zeit erfolgen.

"Ich sehe das am Beispiel meines Pferdes, aber haben Sie denn ein anderes dafür?"

Gerne, Herr Baron:

Nehmen wir zum Beispiel Ihren Vorderlader mit den Zündsteinen, dem Pulver und der Kugel. Alles hat funktioniert, war aber in der Bedienung anfällig. Also hat man Pulver,

Zündhütchen und Kugel zusammengeführt in eine einzige Sache. Sie wird heute Patrone genannt.

Dasselbe Prinzip hat man bei der Schreibfeder angewendet. Tinte und Feder sind nicht mehr getrennt, sondern in einer Tintenpatrone oder ähnlichem in einem Schreibstift vereint.

Wie, geehrter Leser, könnten Sie Dinge, die Sie heute tun, vereinfachen oder so zusammenführen, dass es besser und einfacher funktioniert?

Wie könnten Sie eine Idee in Teile zerteilen und ein System oder ein Konzept herstellen und vor der Produktion verkaufen und es erst dann herstellen, wenn Sie Bestellungen haben?

Wo könnten Sie dieses Prinzip noch in Ihrem Leben anwenden?

Des Barons Reitergeschichten

"Ah, die gehören zu meinen Lieblingsgeschichten. Ich liebe die Reiterei!

Aber es sind auch die, die man mir, nebst
der Sache mit der Kanonenkugel, am
wenigsten abnimmt.

Mein Litauer ward im Springen über
Mauern, Zäune und andere Hindernisse
nicht zu schlagen. Wir ritten immer den
direktesten Weg.

Auf der Jagd nach einem Hasen, der
Haken schlagend über eine Heerstrasse
hüpfte kam uns eine Kutsche mit zwei
schönen Damen in die Quere.

Da die Fenster der Kutsche herunter-
gelassen waren und ich natürlich den
Hasen und damit mein knuspriges
Abendmahl nicht aufgeben wollte,
sprangen ich mitsamt dem Gaul kurz
entschlossen durch die Kutsche,
selbstverständlich nicht ohne den Damen

im Sprunge meinen Hut zu zücken und mich
für die Störung zu entschuldigen.

Bild: Gottfried Franz

Das ist die Art des Adligen und gut
erzogenen Freiherrn, einer Tugend, die
längst nicht so verbreitet war, wie
gemeinhin angenommen. Heutzutage

scheint diese Tugend jedoch weitgehend verschwunden zu sein. Quel Malheur!

Die folgende Geschichte wird dem Volke so verbreitet und zu meiner Schande muss ich gestehen, dass ich dieser Variante nicht ausreichend widersprochen hatte, da sie doch sehr meinen Reitkünsten zu schmeicheln vermochte.

Als ich ein anderes Mal mit meinem braven Litauer über einen Sumpf springen wollten, fand ich den Sumpf vor dem Sprung nicht so lange wie während des Sprungs. Flugs wendeten wir mitten im Sprung und in der Luft und landeten mit heiler Haut im Trockenen.

Beim zweiten Anlauf hernach sprangen wir zu kurz und landeten bis an den Hals im Morast. Wir wären rettungslos umgekommen, wenn ich mich und mein geliebtes Pferd nicht mit meiner eigenen Hand am Haarzopf aus dem Sumpfe herausgezogen hätte."

Münchhausen   O. Herrfurth pinx

Bild: Oskar Herrfurth

Nun, verehrter Leser und Erzähler, was versteckt
sich hinter diesen Reitergeschichten an
Weisheiten und Wahrheiten?

I. Respekt und Erziehung

"Welch trefflicher Titel, mein lieber Adjutant!

Waren es doch mein respektvoller Umgang mit den Damen und beste Erziehung, welches mir den Umgang in jeglichem, höfischen Umfelde ermöglichte und zu bekommen, was auch immer ich begehrte.

Ein neus, deutsches Sprichwort sagt so schön: Es gibt niemals eine zweite Chance einen ersten Eindruck zu hinterlassen.

Nicht umsonst haben mir die Damen... Nun, der Diskretion folgend lassen wir doch diese Geschichten weg. Man würde mir ja ohnehin nicht glauben."

Ich stimme mit dem Baron völlig überein.

Der Verfall von Erziehung und der Verlust jeglicher Art von Respekt gegenüber Eigentum und Menschen jeglicher Funktion und jeglichen Standes führt dazu, dass, wer sich in Umgangsformen in jeglicher Situation bewusst ist, mehr erreichen kann als mancher, der seinen Stolz und sein Wissen wir ein Schild vor sich her trägt und nieder walzt, was ihm und seinem Ego im Weg steht.

Eure Sprache, Baron, beginnt die meine etwas zu beeinflussen, nicht wahr?

"Fürwahr, doch es steht Euch gut.

Geht es doch darum, meine Ehre zu retten und mein Vermächtnis zu wahren."

Da war doch noch die ominöse Sache mit dem Schopf und dem Sumpf?

II. Sich aus dem Sumpf ziehen

" Nun der erste Schreiber hat hier einige pikante Details der Geschichte weggelassen. Sehr zu meinem Vorteil doch sehr zum Nachteil der Verständlichkeit, möchte ich meinen.

Mein bildhafter Vergleich mit dem Sumpfe scheint wohl etwas sehr bildhaft gewesen zu sein. Aber im Grunde genommen wahr.

Lassen Sie es mich so beschreiben. Sich am Hofe der Zarin zu bewegen glich einem Husarenritt alleine durch feindliches Gebiete bei Nacht und Nebel.

Wie auch an so manch anderem Hofe, war die Intrige ein Spiel, dem die Adligen viel Zeit und Aufmerksamkeit widmeten, ein Morast und Sumpf aus Verlogenheit und Lüge, aus Verrat und Heuchelei.

So waren denn meine Reitkünste ebenso gefragt, wie meine herausragenden Kenntnisse der Diplomatie und der Menschen selbst. Wie nun soll man, ohne den Adel in seinen Fähigkeiten zu kompromittieren oder jemanden

respektlos zu behandeln, eine solche
Sache in eine Geschichte fassen?

Dieselbe im den Rahmen einer meiner
Reitergeschichten einzubinden
erschien mir eine Möglichkeit, das
Thema anzuschneiden, ohne mir ins
eigene Fleische zu schneiden. Sie
verstehen sicherlich, was ich meine.

Mir scheint andererseits, dass, auch
wenn es heute kaum noch Höfe und
Adlige gibt, diese Untugenden
dennoch weit verbreitet im Volke sind.
Das ist sehr bedauerlich, mangelt es
doch dem gemeinen Volke ebenso sehr
an diplomatischen Kenntnissen wie an
Reitkünsten."

Leider, Herr Baron. Darum erscheint es
umso wichtiger, dass der Leser oder die
Hörer sich umso bewusster ihrer eigenen
Fähigkeiten sind.

Der Morast aus Heuchelei und Lügen
verbreitet sich in Unternehmen, in Schulen,
in sozialen Einrichtungen so dass man

gemeinhin nicht sicher sein kann, wem man trauen kann. Mobbing wird es heute genannt, und ist ein Sumpf, aus dem sich zu befreien gut ausgebildete Fähigkeiten notwendig sind.

So manche Situation in Geschäft, in Verhandlungen, im Umgang mit Menschen verhalten sich gleich und in mancher Krise bleibt nur das Vertrauen in sich selbst, das einem Menschen hilft, sich zu retten.

Ich denke, das ist die zentrale Lektion, die der Herr Baron hier vermitteln wollten?

"All meine Geschichten handeln davon, sich selbst und seinen Fähigkeiten, Lösungen zu finden vertrauen sollte.

Wir tragen alles in uns. Die Fehler, die Missgunst, die Beschränkungen ebenso wie die Fähigkeit, Fehler gut zu machen und zu vermeiden.

Wir tragen Humor und Großzügigkeit mit uns und in uns ebenso wie die Lösungen all unserer Probleme im

Aussen wie auch in uns drin bereits vorhanden sind.

Der Grund, warum ich all meine Abenteuer überstanden habe, war das Vertrauen in mich selbst, den Glauben, alles überwinden oder überstehen zu können. Manchmal war es leicht, manchmal war es schwer. Aber niemals habe ich es nicht mit vollem Herzen getan. Nicht versucht, sondern getan. Und aus dem Ergebnis dann das Beste gemacht.

Mein Ziel war nicht nur die seichte Unterhaltung! Wann auch immer ich tief aus meinem Herzen gesprochen und gehandelt habe, haben mir die Menschen zugehört, mir geglaubt und vertraut."

Und genau darum geht es doch, nicht wahr?

Die Münchhausen Methode

"Nun, Herr Adjutant, ich denke, wir haben meine Ehre wieder hergestellt, Klarheit geschaffen und den werten Lesern meiner Geschichten die Möglichkeit gegeben, ihre eigenen Schlüsse zu ziehen.

Doch, verehrter Herr Adjutant, was ist denn nun genau die Münchhausen Methode. Ich glaube, die Leser benötigen hier noch eine vertiefende Erläuterung, damit sie, so wie ich damals in den Bauch des Wals, so tief in die Materie eintauchen können wie nötig um die tiefere Weisheit all meiner Geschichten wahrhaft erkennen zu können."

Fürwahr, Herr Baron. Gerne will ich die Teile des Rätsels hier zusammen führen:

Im Untertitel des Buches sprechen wir von Lügengeschichten, die zur Wahrheit führen. Was genau meinen wir damit?

Mit den Geschichten des Barons von Münchhausen konnten wir dem Leser sichtbar machen, dass sich zwischen Wahrheit und Lüge eine grosse Grauzone zeigt. Aus Ihrer Sicht, Herr Baron, haben Sie keine Lügen, sondern die Wahrheit erzählt und zwar aus Ihrer Wahrnehmung und Realität, die Dinge zu sehen.

Realität ist subjektiv. Sie untersteht immer, wie es so schön heisst, dem Auge des Betrachters.

Wenn jemand anders die selbe Situation betrachtet, kann sie nur aus einem anderen Blickwinkel betrachtet und gesehen werden, schon nur weil zwei Personen nicht am exakt selben Ort stehen und etwas sehen können.

Daneben entstehen unterschiedliche Wahrnehmungen schon dadurch, dass jeder Mensch die Dinge per se anders sieht. Jeder Mensch priorisiert anders und nimmt andere Dinge wahr, jeder Mensch hat ein unterschiedliches Raum, Farb- und Vorstellungsvermögen und nimmt daher das beobachtete anders wahr und - besonders wichtig in diesem Kontext - was für den einen Menschen real ist, muss nicht zwingend der Realität entsprechen, die eine andere Person kreiert.

Wahrheit ist ebenso subjektiv. Sie unterwirft sich den Denkmodellen, der Be- und Verurteilung des Betrachters.

Es gibt keine absolute Wahrheit.

Was für jemanden Wahrheit bedeutet ist für den anderen unklar, unvollständig und bisweilen sogar Lug und Trug, weil es nicht Teil seines Denkens oder Verstehens ist. Als Betrachter geben wir einer subjektiven Realität den Stempel "Wahrheit".

Diese "Wahrgebung" wird kulturell, religiös, abhängig von Bildung, Verstand, "Wahrnehmung" und Gesichtspunkt völlig unterschiedlich gestaltet.

Was ich für mich als wahr erachte kann für eine andere Person völlig aus der Luft gegriffen sein, selbst wenn ich meine Sicht der Dinge beweisen kann. Denn, wie die Geschichte in manchen Dingen zeigt: Was nicht sein kann darf auch nicht sein.

Was Sie also erlebt haben, verehrter Baron, mag aus Ihrer Sicht, aus Ihrer Gestaltung der Realität absolut war sein.

Für einen Zuhörer, der nichts von Ihrer Wahrheit weiss, klingt alles wie Lug und Trug.

Hexengeschichten, die früher als "absolut wahr" galten, sind aus heutiger Sicht absoluter Humbug und bestens erklärbar.

Beeinflusst von religiösen Konzepten und Denken, mangelnde Bildung und Gehorsam, Furcht und andere, menschliche Eigenheiten haben über die Jahrhunderte hunderttausende Menschen das Leben gekostet.

Als Berater, Begleiter, Eltern und Angehöriger anderer Berufsgruppen ist es unsere Pflicht, die Mechanismen der Realitätsgestaltung unserer Gesprächspartner zu kennen, damit wir deren Wahrheit sehen und nachvollziehen können.

Wir müssen diese nicht akzeptieren, aber soweit sehen, dass wir uns in die Gedankenwelt, in die Realität eines anderen hinein versetzen können. Erst dann erschließt sich uns deren Wahrheit.

Und, sind wir einmal ehrlich mit uns selbst, es geht doch selten um Realität und Wahrheit, sondern nur darum, wer Recht behält. Das wiederum hat nichts mit Wahrheit oder Lüge zu tun.

"Welch' vortrefflich Erklärung, die ich mir selbst nicht besser hätte erdenken können!

Natürlich kenne ich das alles, doch zugegebenermaßen ist mir diese Wahrheit während des einen oder anderen Gelages bei der Erzählung meiner Geschichten ein klein wenig in den Hintergrund meiner Gedanken gerutscht.

Doch wahrhaft wahr habt Ihr gesprochen!"

Gut! Unter dieser Prämisse können wir uns einen möglichen Ablauf eines Gespräches ansehen:

1. Wenn wir den Klienten, den Zuhörer ausreichend kennen, lassen wir ihn mit unserer Hilfe, ein Ziel formulieren.
2. Dieses Ziel muss für den Klienten gut fühlbar sein und es darf ihm auch durchaus unrealistisch erscheinen.

3. Wir nutzen Ihre und auch andere Geschichten, um unseren Lesern, Zuhörern, unseren Kunden, Patienten, ja sogar unseren Kindern eine gut verpackte, tiefe Weisheit zu vermitteln.

4. Wir definieren für uns die zentrale Botschaft und überlegen uns, welche bestehenden Geschichten bereits diese Botschaft enthalten und ob wir sie anpassen müssen - oder - wir erfinden die zentralen Botschaften neu.

5. Wir erfinden oder finden Geschichten, die nahe an der Realität des Zuhörers sind und sich an seinen Werten anlehnen. Die Geschichten selbst sollten so weit von der Realität des Zuhörers entfernt sein, dass er die Botschaft nicht sofort mit dem Verstande erkennen kann. So überlisten wir den Denkapparat und transportieren unsere zentrale Botschaft direkt in sein Unterbewusstsein.

6. Je absurder, abenteuerlicher und sonderlicher die Geschichten, desto eher wird der Verstand die versteckten Botschaften und Weisheiten erkennen und alle weiteren Handlungen in Richtung des Zieles lenken.

7. Wir können sogar zu einem späteren Zeitpunkt über die Geschichten sprechen oder sie ansprechen, doch am besten lässt man sie ihre Wirkung von selbst entfalten.

"Meine Hochachtung Herr Adjutant!

Am Hofe der Zarin hätten Sie bestimmt eine diplomatische Karriere gemacht.

Natürlich war meine Absicht zu jederzeit eine edle, den Menschen zu helfen, sich selbst aus dem Sumpfe, in den sie sich gebracht hatten, heraus zu ziehen, doch wie ich sehe, benötigen sie sogar noch mehr Beistand und Unterstützung als zu meiner Zeit."

Das gilt nicht für alle Menschen, doch selbst Bildung verhilft ihnen nicht zwingend zu mehr Einsicht und Selbst-Vertrauen.

Im Gegenteil, die Verkopften sind oft die, die am meisten unter dem Fehlen von Selbst-Vertrauen und Selbst-Wert leiden und es durch Geld, Karriere, Macht und Konsum ausgleichen.

"Das ist ja sehr bedauerlich!

Wenn wir mit unserer Konversation, verehrter Adjutant, unseren Lesern und Zuhörern wieder etwas mehr Vertrauen in sich, in meine Geschichten und in deren tiefere Botschaft vermitteln konnte, dann war unsere Mission erfolgreich!

Wenn erwünscht, werde ich den verehrten Lesern gerne auch meine übrigen Geschichten ausführlich darlegen.

Mögen Ehre, Respekt, Vertrauen und Mut allzeit mit Ihnen und unseren Lesern sein."

Danke, Herr Baron! Ich würde mich freuen, wenn unsere Mission nicht nur erfolgreich war, sondern sich auch verbreitet und Menschen mit anderen Augen auf Sie und Ihre Geschichten schauen lassen.

Porträt des Freiherrn von Münchhausen in der Uniform
seines Kürassierregiments im lettischen Riga

*"Welch vortreffliche Malerei, welche,
wie ich meine, mir durchaus schmeichelt.
Kein Wunder, ist mir die Damenwelt zu
Füssen gelegen!"*

Schlusswort

Keine der Geschichten ist vollständig erzählt noch haben wir alle Geschichten des Hieronymus Carl Friedrich Freiherr von Münchhausen erzählt.

Unsere Absicht war, nicht nur die Ehre des Barons wieder herzustellen, sondern auch Sie, verehrter Leser, zum nachdenken und nachlesen der Geschichten des Barons anzuregen.

Die tiefere Weisheit liegt unter der Oberfläche und sie folgt den jahrtausende alten Traditionen von Schamanen und Geschichtenerzählern, deren Ziel und Absicht es war, Heilung und Lösung durch das Erzählen von Geschichten anzuregen. Denn unser Gehirn ist eine gigantische Lösungsmaschine.

So kann man in frühen Geschichten und Filmen Ideen sehen, die in den letzten Jahrzehnten umgesetzt wurden, vom U-Boot zur Mondrakete, von der Telekommunikation bis hin in den Alltag und die Herstellung von Maschinen. Manche zum Besten der Menschen, manche leider nicht.

Der Herr Baron von Münchhausen und ich hoffen, Ihnen durch die Auflösung einiger Geschichten Anregungen gegeben zu haben, Ihre eigenen Themen und Herausforderungen oder auch die von nahen Menschen oder Klienten besser bewältigen zu können.

Der Autor

Christian Semlitsch wurde 1962 in Basel, Schweiz, als einziger Sohn seiner Eltern geboren, wo er später auch eingebürgert wurde. Sein Lebenslauf ist alles andere als "linear" doch gerade deshalb hat er in seinem Leben viele unterschiedliche Berufe und Tätigkeiten ausgeübt.

Er liebt Geschichten und Filme und insbesondere, Hinter die Kulissen und das Offensichtliche zu sehen, um herauszufinden, welche tiefere Botschaft Autoren und Filmemacher uns vermitteln möchten.

Seine Erkenntnisse verarbeitet er in Coaching, Therapie und in Trainings, in denen er Menschen mit Geschichten hilft, Ihre Sprache und Bestimmung und Ihr Selbstbewusstsein zu finden.

Christian Semlitsch ist als Redner und Trainer für Präsentatoren und Redner international tätig, arbeitet in der Schweiz und lebt mit seiner Familie im Süden Deutschlands.

Weitere Bücher des Autors:

 **Kurs aufs Leben - Aus dem Burnout in ein erfüllendes Leben.**

Buch und Ebook. Das gedruckte Buch ist erhältlich im Buchhandel und auf Amazon

Ein praktischer Ratgeber, mit Hilfe dessen sich Betroffene selbst neu erfinden können oder sich auch selbst aus einem Burnout manövrieren können, wenn Sie die vorgeschlagenen Übungen umsetzen.

Es stehen über 100 Übungen zur Verfügung und eine grosse Anzahl von Fragen zu Ihren Lebensthemen sollen Ihnen helfen, sich von der Bestandesaufnahme in Richtung Neuorientierung zu bewegen.

Das Buch basiert sowohl auf eigenen Erfahrungen, auf Arbeiten mit hunderten von Klienten in der Praxis des Autors.

Das Buch "Kurs aufs Leben" wurde ausserdem von der deutschen **"Stiftung Gesundheit"** zertifiziert.

Get Self-Esteem Now!

Build Self-Esteem, Self-Value and Self-Confidence in 3 Simple Steps.

E-Book erhältlich auf Amazon.

Basierend auf einem System von 3 grundsätzlichen Schritten erläutert der Autor, wie man das eigene Selbstbewusstsein und Selbstvertrauen aufbauen und stärken kann.

In Englisch geschrieben.

Quellen und Bildnachweise:

Text

Als Textquelle habe ich mich an die Ausgabe: "Münchhausen, Wunderbare Reisen und Abenteuer, zu Wasser und zu Lande" von Gottfried August Bürger gehalten.

Bilder:

- Titelbild: August von Wille: Münchhausens Ritt auf der Kanonenkugel

- Von August von Wille - Pacпe 1872, Gemeinfrei, Link: https://commons.wikimedia.org/w/index.php?curid=7556488

- Münchhausen peitscht den Wolf vor dem Schlitten: Holzschnitt von Gustav Doré

- Foto: Ritt auf der Kanonenkugel. Münchhausen Brunnen Bodenweiler.

- Bild: Der Baron fängt Enten und lernt fliegen: Gottfried Franz

- Münchhausen mit halbem Pferd am Brunnen: Bild Oskar Herrfurth

- Porträt des Freiherrn von Münchhausen in der Uniform seines Kürassierregiments im lettischen Riga, Münchhausen Museum